JN438356

꿈바라기

길바라기

전 승 진 시집

도서출판 천우

● 시인의 말

지상에서 최고 높은 줄 알았던
봉수산(홍성)을 바라보며 세상을 배웠고
수시로 변하면서도 불변하듯 포용하는
산에서 꿈과 상상의 나래를 펴기도 하였으며
섬에서 보낸 내 인생 5년 동안
외로움을 달래기 위한 독서를 하였으며
그런 삼매경에 빠져 심취하다 보니
어느 날 갑자기 문단에 등단하게 되었고
문학 활동을 하면서 모아두었던
습작을 모아 첫 시집을 내놓게 되었습니다
전문적인 글이 아니기에
시집에 관해 몹시 망설이며 고심하였습니다
작은 표현이지만 삶의 숨결 같은
저의 꿈바라기를 예쁘게 보아 주세요
이 글 읽는 사람 모두가
건강과 축복이 함께 하시길…….

2014년 9월

전승진

제 1 부

자화상

제2부

감격의 소리

제3부

꽃이 지면

제4부

눈길

제 1 부

자화상

서낭당길

주책없이
대낮에 떠 있는
반달의 배꼽이 보일 듯
너무도 조용한 한낮

호젓한 산모퉁이
서낭당 신령님은
이가 튼튼하신가
욕심이 없으신가
돌 하나에 소원 하나
들어주신다는데

경사집 빨랫줄같이
주렁주렁 매달린 소리에
가득 쌓인 염원의 소리에
누가 날 지켜보는 것 같아
도망치듯
돌 하나 던지고 말았다

분재

나도 모르게 태어나
서럽게 살고 있는
그런 나를
그는 바쁜 미소로
더는 알 수 없는
조그만 세계를 열었다

아무도 오지 않는
계절 없는 구석진 그늘에
고이 숨겨두고
가녀린 손과 발을
한 마디 마디
비틀고 자르고 구부리며
그는 웃는다

당신의 노고만큼 죄인이 되어
물 한 모금에 생명을 걸고
허기진 배를
철사 줄로 졸라매며
비명 속에 떨고 있는
날 보며 웃고 있는

그는 진정
차가운 고문 기술자이다

바람이 불거나 말거나
달이야 뜨거나 말거나
문드러지는 내 육신에
너의 손길 따스해도

어느덧 소망이 잘리운 나는
나서기 부끄러운 어린 노인이다

명작(名作)

나는 아직
살아 있다

거울

요람에서부터
그렇게 가까이에 있어도
언제나 처음 본 사람처럼
내 앞에 서 있는 그대는 누구인가

진정한 자기를 찾으려
짓눌린 허울을 열고
고고(孤高)한 모든 것을 내보이며
그대 앞에 서 있는 나는 누구인가

오로지 자신에 충실해야 하는
잡혀질 듯 아늑한 세계에
수선화의 전설이 되어
내 앞에 서 있는 나는 또 누구인가

하루가 달라질수록
기대 속에 만나는
가장 익숙한 사이의 약속은
헤어질 수 없어요

대머리 친구

요것이
산에서 왔는가
바다에서 왔는가
소갈머리 없는 사나이

요것이
거울인가
라이트인가
주변머리도 없는 사나이

남보다
있을 것이 없어도
흉이 되거나 넘보지 않으니
언제나 초연한 사나이

사나이만이
요리 둥글 저리 번쩍
그래서 모두들
大머리라 부르고 있나 보다

낚시

오직 한길
옹고집 햇살 따라
인생을 소비하듯
가물가물 한 줄기 끝에
시선을 모으고

눈앞의
먹이만 탐하다
목숨과 바꾸는
어리석음을
손끝으로 알고자

석양이
미끼를 물 때까지
삶의 무게를
낚밥으로 던져
어디에도
가진 것이 없었다

내일을 위해

유물관에서나 볼 수 있는
여린 몸가짐으로
양치질도 하기 전에
범죄와의 전쟁에 나섰고
신들린 망나니의 검무(劍舞)에
남들은 숨죽이고 있을 때
군장을 풀 새도 없이
소탕작전에 다시 나섰다

임무수행을 하다 보면
장벽이나 장애물도 많은데
엄마 옆에 누가 있는지도 모르는
꼬마를 위해
인간이 있는 한 재우지 못할 범죄를
맨발로 쫓아야 한다
사람 아닌 사람을 사람이

전쟁을 수행하고
선량한 주민을 위하여
친절하게 봉사도 해야 한다
순간의 판단으로
두 마리의 토끼를 잡아야 될

남은 빰 없는 샌드백이래도
돌을 던지기 위해서는
돌에 맞을 수 없기에
위선으로 봉사해서는 아니 된다

양같이 따스한 배우들이
몇 조각의 쇠붙이로 치장하였다고
그렇게 경직된 관객을 위해
우리는 진정 웃어야 한다
아니면 웃을 수 있게 해야 한다
그래서 달려야 한다

나는 나

나는 언제나 나는 나인데
내가 있는 듯 내가 없는 듯
내가 아닌 듯 내가 나인 듯
나는 누구고 나는 누군가
내가 있기에 내가 있는가
내가 없어도 나는 있는가
내가 있어도 나는 없는가
내가 있음에 내가 있음을
내가 있어도 내가 있기에
나는 모르다 나를 모르다
나를 알고자 나를 찾아도
나는 있어도 나는 없으니
나는 있는가 나도 없는가
나는 있음에 나를 몰라도
내가 없음에 나를 알아도
내가 있음에 내가 있기에
나를 찾아도 나를 잊어도
나는 나이고 나는 나이다

쥐구멍에 해가 뜨면

절박한 심정으로
퀴퀴하고 칙칙한
쥐구멍엘 찾아갔더니

안방에는
엄마 아빠와 귀여운 녀석들
부엌에는 푸성귀 대신
소시지와 식빵 한 조각
건넌방에는
할아버지 손주 녀석 마주 앉아
얘기꽃을 피우고 있다

사람들은 우리 집에
볕이 들 날 있다지만
우리 집에 볕이 든다면
그때 우리는
죽은 거나 마찬가지란다

일락사

일락사를 아시나요
지네 목을 휘감아 노리는
탱자성에 닭산을 돌아
어머니 가슴을 더듬어 오르듯
아늑한 숲길 들어서면
물소리 새소리 가득한
일락사를 아시나요

가야 할 가야산 줄기
알기도 쉬운 678미터
한 자락 깔고 앉아
게을렀던 아침 해가
저리도 머뭇거리며 사라지는
바다가 아름다워
마음을 비울 수 있는 곳

호통소리 들리듯한
사대천왕 없어도
고요함에 섬뜩한 입구를 지나
대웅전에 들어서면
세월의 흔적 없는
파르란 여승의 머리엔

부처님 미소가 어리어지고
고요하게 울리는 예불소리
심장 소리 같은 목탁소리
두 손 모으지 않아도
모든 것을 용서하신다는
부처님의 말씀들
한번 둘러본 것만으로도
우리의 번뇌는
사라져 버리나니

당신도
여기의 참관자가 되어
계절마다
다른 모습의 노을이
두 손에 펴 올려질 듯
스물스물 기어오르는
쾌감을 느껴보세요
자신도 모르는 사이
무아경에 들어설 것입니다

오늘이 즐거우면
내일도 즐거워지는 곳

어둠 속에 오늘을 감추면
시작이 새로워지는 곳
그래서 일락사랍니다

시계점

흐른 땀
또다시 말라가며
목을 죄듯 숨 막히는
깊은 숲 갈래길

신기루 같은
친구 가게 들어서면
택시미터기 소리에도
철렁이는 심장 약한 사람
순간순간 가위질 난도질
가슴 조이는데
예서 제서 울어대는
심산유곡 새소리 뻐꾸기 소리
경건한 마음에 종소리
하루가 익어가는
길고 긴 소리와 소리

그늘도 없는
빌딩숲 골목길
아무나 반겨주는
진실 반 상술 반
조그만 시계점

비구니

먼발치 물소리 새소리
끊어질 듯 이어질 듯
목탁소리 가슴 조이는
간결스런 한낮
언제부터인가
하얀 옷 갈아입고
흐느껴 우는 촛불 앞에
목덜미 창백한
한 여자가 앉아 있다

하늘이 미워질수록
햇볕을 보지 못해
저토록
창백하게 변했을 거다
속세의 인연이
시리도록 괴로워
저렇게 두 손 모았을 거다

두드리기에도 바빠
세상을 잊은 듯
외워 읊기에도 바빠
세상을 잊은 듯

향불마저 처연한
법당에 홀로 앉아

세월을 쫓고 있다

몽산포에서

오고 가는 사람
일없이
찾아보자고
요리조리 도리도리

지나가는 사람
괜시리
찾아보자고
요리조리 살금살금

그러다 갑자기
야릿야릿 넋을 잃을 땐
구원의 소리
여보 정신 차려요

인생

가야나 말아야나
가야나 말아야나
갈림길 서성이며
가야나 말아야나

가야나 말아야나
산마루 바라보며
가야나 말아야나
가야나 말아야나

가야나 말아야나
가야나 말아야나
아직도 여기에서
가야나 말아야나

가야나 말아야나
가야나 말아야나
망설이며 가는 길
망설이다 간 세월

삶

내가 있기에
세상이 존재한다

내가 죽으면
어제도 내일도
있을 수 없다

내가 있으므로
모두가 존재하고
내가 죽으므로
모두가 사라진다

인간

일그러진 탈을 쓰고
퀴퀴한 누더기를 걸치고
발광하는 욕망과 동거하며
주름 잡힌 역사를 잉태하는
세월의 찌꺼기

행복이란

우리 모두 바보가 아닌 이상
영화나 음악에 묻혀 버리거나
달거리하는 여자에 감탄하거나
대소변 못 가리던 시절을 감추거나
뼈만 남은 묘지에 경건해 하거나
케케묵은 인형에 두 손 모을 정도로
숨겨진 또 다른 진실에
속거나 얻을 수 있다면
우리는 행복한 것이다

욕심

내가 있으면
있는 것은 있고
내가 없으면
있는 것도 없다

자화상

흐린 듯 오늘 날씨는
내 마음처럼 흔들리고 있다
누군가를 향해 소리치고 싶다
괜시리 팔을 걷고 덤비고 싶다
상대가 없다

그래서 날 욕하기로 했다
거울에 적어 봤다
사내 녀석이 쌍꺼풀에 주름까지
어머나 굉장히 많네

세월을 반추하거나
세상을 관조하거나
꿈을 꾸기에도 어색한
오학년 준 할배의 고독은
자꾸만 궁상스러워지고 있다

복권

지금 나는
온몸이 떨리고 있다

하나라도
하나라도
복권 앞에서
환상에 빠진 것이다

욕심 앞에 고개 숙인 채
손쉬운 꿈에 기댄 채
한 장 또 한 장

성공하면
나는 어디로 가야 하나
나는 이제
어떻게 해야 하는 걸까

지금 나는
온몸으로 떨고 있다

황제

내 앞에 모든 것이
내 것으로 보인다
한 잔 술에
취해버린 녀석들
모두 머리를 숙였다

우리 술잔을 들자
그리고 마시자
이 잔은 내 잔이요
이 술은 내 술이다
괴로워도 한 잔
즐거워도 한 잔
이제부터 우리는
황제가 되는 것이다

거칠 것 없는 이 세상
홀랑 벗고 뛰어보자
춤추고 노래 부르자
뒹굴고 울어도 보자

눈감은 세상
귀먹은 세상

두 손 치켜들고
잠든 자를 깨워보자

이제부터 우리는
황제가 되는 것이다

황혼

누군가
노을 익어갈 때
할 말 있다고
문자라도
왔으면 좋겠다

아직은
보고 싶다고
술 한잔하자고
전화라도
왔으면 좋겠다

이렇게
온기 사라진
계절 끝자락에
거짓말도
기다려만 진다

제2부

감격의 소리

좌변기

남자의 로망은
폭포처럼 소방호스처럼
힘차게 내뿜는
그 줄기에 있는데
층간소음과 청결을 바라는
마나님의 눈총에
쪼그리고 앉아
마나님을 닮아가고 있다

나의 어머니

나귀 종소리 따라
열여섯 살 큰댁 큰따님
영문 모르고 시집가던 날
엄마 얼굴 모르는 막내여동생
살 없는 언니 가슴 잃어
장독 뒤에서 얼굴 부어오르고
홀아비 아빠는 횃대 밑에서
애꿎은 장죽만 두드리는데
동네 아줌마들 경사 집에서
초상집마냥 울어주고 있다

시조부모부터 열세 식구
앉을 자리 없는 옴팡간에
숨죽이며 하루하루
말로만이 종갓집 큰며느리
한 많은 보릿고개
풋보리 볶아서
하루 세끼 꽁보리밥

한여름 불볕 아래
가도 가도 끝이 없는 물배미 논
잡아 뜯어도 끝이 없는 텃밭에서

손발이 부르트고 숨이 막혀 올 때
에미 없는 자식이라고 욕될 수 없는
회초리 같은 아버님 말씀

해마다 몇 번씩 치르는 큰 잔치
종갓집은 집안잔치 동네잔치 사돈잔치
잔치에는 가마니술 가마니밥

시조부모 시아버지 3년 상
날마다 울다 지쳐도
어린 시동생 젖 먹여서
시누이 시동생 시집 장가 보내고
업은 애기 젖 줄 새 없이
허리띠 졸라매고
지게질 삽질
어느 남자가 당할쏘냐
아들딸 6남매 키우며
청춘은 그렇게 사라지고

전쟁 따라 갔다가
손님처럼 드나들던 남편이
객지 생활 40년 만에

할아버지 되어 돌아왔어도
이제는 외로이
명절날이나 찾아오는
손주 손녀 기다리시는 재미로
어느덧 고희에 다가선다

항상 저희 곁에 할 수 없는
안타까움 속에서
당신보다 더 젊으신 시어머니
어언 60년이나 모시고
종갓집 전통을 이으시며
이 시대를 지켜온
종갓집 며느리
우리 어머님

찻잔

첫날밤같이
꼬옥 싸인 보자기 속에
소중하게 숨어 있는
정성스러운 손길

따뜻한 엄마의 가슴으로
가득히 담긴 사연
단비가 되어
모두에게 베풀어 주고

짙은 화장 내음 따라
멀어져간 너의 모습은
맺어야 할 얘기 이어주는
고운 숨결의 조율사

실금 사이 얼룩진 입술에
수없이 포개어진 자욱은
알 수 없는 사람들
알 수 없는 인연들

만점치안(滿點治安)

지엄하신
파출소장님
책상 한가운데
파리 한 마리 앉아
수다를 떨고
용감한 다른 하나
소장님 이마에서
명상을 괴롭힌다

웬만해서
말이 없으신 분
진노하게 하여
요것을 그냥
저놈을 먼저
망설이다
파리는 날아가고

천장에
올라앉은 두 녀석
손가락질하며
파출소에 파리 날린다
조롱하고 있다

고추

무딘 뒤바람을 타고
파란 함석지붕 위에서
빨갛게
가을이 익어갈 때
손주 녀석을 닮은
빨간 고추 매다는
숯검정 할아버지
울타리 땡감이
얼굴 붉히며
엿보는 줄도 모른 채
대문 앞에서
신바람이 났다

빨간 고추장에
빨간 고추로
강소주를 들이켜는
맵디매운
별난 독종 풋고추가
웅녀 할매 가슴에 불 지른
환웅 할배의 불씨가
오늘도 여기에서
우렁차게
살아나고 있는 것이다

허풍과자

낚싯바늘 같은 초승달이
산 허리춤을 향한
거무스레 해 떨어질 무렵
코흘리개 손주 녀석
시장 가신 할머니
마중을 간다

동네 아줌마들
어둠을 등지고 다가설 때
할머니 손 보따리는
손주 녀석 차지

할머니 주신 선물
한 아름 안고
먹을수록 끝이 없는
손주 녀석 작은 입엔
웃음 가득
소리만 가득

밤이 새도록
어린 녀석 눈 가린
먹어도 먹어도
먹다가 굶어 죽을
허풍과자

하루살이

내 비록
하루를 산다 할지라도
어떻게 사는가 묻지 마세요
지금 이 순간
당신은 하루이지만
나에게는 삶의 전부인 것을

그대를 위해서
사랑을 위해서라면
평생을 기다려온
소망이기에
어떻게 살 것인가 묻지 마세요

나를 바라지 않는
견딜 수 없는 유혹이래도
뜨거운 그대 가슴에
채워드릴 수 없는
염원(念願)이래도
어둠을 지키는 그대에게
모든 것을 바치오니
그대여
외로운 이 밤을 반겨주소서

그대 있음에
내가 죽어도
그대는 있음에
내 영혼은 그대를 위해
영원한 것

점심시간

마당가 땡감이 까닭 없이 떨어지고
토방 끝에 밀 방석을 태울 듯
사립문 틈새로 햇살이 넘치는 한여름

시원한 잠뱅이 베등거리 걸쳐 입고
사랑방 그늘 멍석에 누은 시아버지
빨랫줄 제비 한 쌍 단잠을 깨우고
드렁 접은 깔지게 바쳐놓은 서방님
소금에 전 허리춤 추스르며
냉수에 간장을 탄 맨장국을 들이켤 때
시커먼 수건을 둘러쓰고 텃밭에서
참깨밭 매던 가냘픈 몸뻬 며느리
시렁에 매달린 소쿠리 풋 삶은 깡보리로
열무김치 고추장에 식사를 올린다

시어른에 어려운 며느리
입은 듯 만 듯 홑적삼 시어머니
부뚜막에 걸터앉고
소반상머리 손주 녀석
앞섶에 흘린 밥풀떼기
주워 먹으라 이르는
할아버지 호통에도 건너편

하얀 밥만 쳐다보고 있다

복 달아난다 한마디 말 없이
남은 알갱이 숭늉에 닦아 먹고
웃어른 일어서시길 기다리는
한여름 날의 진솔한 점심시간

동반자

모든 것이
어떻게 이루어졌는지
알 수 없이 지나버린
이튿날 아침
서먹한 분위기를
괴기스럽게 감싸고
얼이 빠진 나를
지그시 내려다보며
속삭이던 너의 모습

예전의 너는
어디로 가고
또 다른 얼굴로
나를 바라보고 있는지
어느 사이 자만에 차버려
당당해진 너를
전처럼 대하지 못하고
이토록 처참하게
이해하여야 하는 것은
무심하게 넘길 수 없는
하룻밤의 의미이었던가

하필이면 당신이
나를 위해서인 것처럼
어디에 있다 갑자기
내 인생에 다가섰는지
알 수는 없어도
바람보다
만남이 좌우하는
삶이기에
하나가 되기 위한
하나가 되어버린
혼돈 속에
조건 없이 선택한
서로의 길은
더욱 소중한 것이 되어
세월에 순종하고
변화에 순종하며
이렇게 살다 보니

곰과 여우 사이에
숨겨 놓은 애인 같은 녀석들이
반겨주는 보람 속에
볼수록 새로워지는

여유와 정성을
따를 길 없지만
있어만 주어도 바랄 것 없고
생각만 하여도 편안해지는
당신은
숙명의 자화상임을
이젠 알 것도 같다

당신을 만난 행운 속에
어느덧 흰머리 헤어가며
몇 겁을 다시 산다 해도
가슴에 새겨 못다 한 말
여보 사랑해

동창생

우리 만나자
이제 만나자
모두 만나자

삶의 앞에서
삶의 끝에서
우리가 살아왔던
뜨거웠던 사연들
가슴 아픈 사연들
모두 한 번 풀어보자

우리가 동창생이었음 하나로
우리가 만날 수 있음 하나로
우리에겐 보람이 아니겠는가

우리는 진정
정성을 다했노라고
후회 없이 살았노라고
당당하게
우리 한 번 만나보자

감격의 소리

멀쩡하던 부인이
갑자기 배가 아프대서 병원에 갔다
포동포동하게 살이 오른 둥그런 하얀 배를
시퍼렇게 날이 선 비수로 가르고 수술을 했다
고통에 찬 흐느낌에도 무관심하게
나는 그냥 아무런 죄책감이나 감정 없이
옆에 있어 주는 것으로 대신했다
새파란 입술 창백한 얼굴에
두 손을 꼬옥 잡아주는 것만으로
나의 책임은 다한 것이다
그리고 온가족이 심각하게 둘러앉아
몇 날을 기다려야 했다
남편 몰래 있는 대로 찾아먹고
쓸데없는 곳을 잘라낸
궁상맞은 여자가 은밀하게 내지르는
감격의 그 소리를

애견(愛犬)

무조건 주인에 따르며
반겨주는 강아지들은
집에서도
밖에서도
천국이 되고 말았다

자기 부모를
강아지처럼 섬겼다면
효자비라도 서련만
강아지 같은 사람들이
강아지만도 못한 사람들이
강아지같이
강아지와 같이 살고 있다

그러는 나 또한
무릎에 앉힌
미니핀을 사랑하고
한겨울에도
골목진 곳을
누구보다 사랑한다

둥지

백제가 살아난 듯
임존성 한 자락 돌고 돌아 찾아온 둥지엔
변함없이 오동나무 까치 떼 반겨주건만
이른 봄 두 어른 갑작스레 여의고 나니
할아버지의 할아버지부터
대대로 살아온 대종가 안마당엔
잡초 우거지고 처마마다 거미줄 서려
고양이 눈초리만 매서워졌다
어르신들의 손때가 살아 숨쉬는
툇마루 장독대 어느 것 하나
나를 벅차게 하여
마당가 댓돌 위에 앉으니
온 세상 노랗게 은행잎 휘날리고
그리움은 감나무 가지마다 매달려
노을에 젖은 나를 지켜보고 있다

둥지를 지키지 못하고 떠난
종손으로서의 감회는
문중 하나하나에 대한 기도가 되어
조용히 두 손 모은다

이별

어느 진실 속에
울고 있는지 웃고 있는지
차창에 비친
알 수 없는 표정을
흐릿하게 바라보며

내가 사랑하던 사람도
내 곁을 떠날 수 있다는 슬픔에
내가 사랑하던 사람도
다른 사람을
사랑할 수 있다는 슬픔에

내가 당신을 사랑하는 것보다
당신이 나를 사랑하는 것이
더욱 중요함을 이제 알면서도
그런 너를 미워하며
그래도 못 잊는 것은
진정 너를
사랑하기 때문이다

시장 구경

세상을 알기 시작하던 어느 날
왕골자리 하나 둘러맨
두루마기 할아버지 따라
거먹 고무신 씰룩이며
꼬불꼬불 이십 리
시장 구경 간다

무지갯빛 세상 입구엔
짐자전거 아저씨
지나가는 아지매 머리에서
쌀자루 콩자루
서로 뺏어 흥정하고
염색집 아저씨 장대 밑을 지나
유혹의 엿장수 곁을 지나
괴물 같은 녀석 대포소리에
혼쭐이 난다

할아버지가 사주신
십리사탕 하나 물고
호박참외 하나 들고
이약이나 쥐약
우시장 어시장

비린내 난전 옷가게
저잣거리 주막거리
대장간 솜틀집
한나절 돌고 돌아

방울소리 울리는
우마차 뒤편
온 동네 장감 틈에서
세상을 본 만큼
잠이 들고 말았다

병역의무

갈참의 날카로운 눈초리
고참의 송곳 같은 입
신참의 칼같이 날이 선 손
언제나 냉담한 관계 속에
앞치마 두르면 식순이가 되고
구두통 있으면 구두닦이가 되고
깡통만 있으면 거지가 되고
밥찌꺼기가 남으면 돼지가 되고
밤이 되면 올빼미가 되고
삽을 들면 선머슴이 되고
기어 다닐 땐 야생동물 같지만
선배들이 지켜준 나라
내가 지켜주는 나라
후배들이 지켜줄 나라
모두를 위해
헛될 수 없는 신념이 있다

여관에서

때 아닌 대낮에
까무러칠 듯 비명소리
술잔 부딪히는 소리
시끌벅적 화투장이 돌아가고
샤워소리 어우러지는
벽 하나 사이에
아는 체할 수 없는
별난 이웃들

죄인처럼
몰래 왔다 몰래 간다 해도
문밖에 나서면
아무 일도 없었던 것처럼
언제나 평범한 사람들

우리 할머니

풋보리 볶아 감자 몇 개에
하루를 살던 그 시절
까실한 손끝으로 속치마 뒤적이며
경사집에서 숨겨온
절편 하나 과자 부스러기들
남몰래 쥐어주시던 할머니
열세 살 나던 해 종갓집 큰며느리로
영문 모르고 시집오신 지
어느덧 80년인데
아직도 손주 생각에 아들 생각에
잠 못 잔다는 말씀에
오히려 정겹고 귀엽다는 며느리들
항상 가까이할 수 없는
안타까움 속에서
흐릿하게 알아보는 사람마다
이젠 죽어야지 죽어야지 하시지만
아니에요 할머니 오래 사셔야 해요
할머님의 건강을 빌고 있습니다
할머니 오래오래 사세요

못 잊어

빗속을 걸어보셨나요
우산 없이
눈물을 흘려보셨나요
하염없이

사랑하는 사람에게
외면당하는 슬픔에
가시가 많아
잡을 수 없는 서러움에

눈물을 흘려보셨나요
하염없이
빗속을 걸어보셨나요
정처 없이

그래도 못 잊어
그래도 아쉬워
다시 찾아가지는
않으셨었나요

사랑했음을
사랑했기에

친구

빛바랜 하늘에
거울같이 달이 뜨면
동그란 달 속에
동그랗게 어울리던
동그란 너의 얼굴이
동그랗게 맴돈다

홀로 앉은 술잔에
숨 넘어 달이 차오르면
동그란 친구와
동그랗게 속삭이던
동그란 동산이
동그랗게 맴돈다

저 달에 네가 있고
저 달이 여기 있어
우리가 취하도록
온 하늘을 마셔도
끝이 없는 이 갈증은
너를 잊을 수 없음인가

사랑하는 내 친구여
사랑하는 내 친구여

이렇게 애가 탈 줄
그렇게 그리울 줄
이제야 알았으리요마는
가슴에 맺혀오는
소중했던 내 친구여
사랑했던 내 친구여
정말 정말 보고 싶다

알사탕

보일 듯 말 듯
은은하게 어울어지는
수줍은 나삼자락
숨죽여 옷고름 잡으면
살며시 손끝에 다가서는
동그란 설렘

어스레 눈 감으니
첫사랑 앵두
달콤한 숨결로
사르르 입안에 머문다

숙부님의 장례식날

별이 총총이던 날씨가
하느님도 서글퍼 하심이었던가
새벽부터 갑자기 찌푸리더니
기어이 한줄기 소나기가 되었다
눈물이 빗물이 견줄 수 없는 슬픔 사이로
진하게 젖어드는데
출상 때엔 해맑은 하늘이 되어
상여 가는 법칙에 따라
왼쪽으로 돌지 않음이요
언덕을 넘지 않음이요
뒤로 가지 않음이요
밟은 길 다시 밟지 않음이요
다른 마을에 들지 않음이요
되돌아가지 않음으로
어쩔 수 없이 큰댁 가까이 지나치시게 되니
보이지도 들리지도 않으시는 아흔한 살 할머니
둘째 아들 마지막 가는 길 보려
먼발치 동동거리고 계셔
호상하던 식구들만 더욱 목메이고 말았다

너는 내 운명

엊그제는 내 삶의 일부인 사람과
너는 내 운명이라는 영화를 보았습니다
삼류 인생으로 망가질 대로 망가져 버린 전도연
우직스럽고 투박스런 황정민
진실한 연기의 절묘한 배합으로
쉰을 넘긴 나이임에도 TV연속극에 감동을 먹고
애잔한 음악에 가슴 뭉클해지는 가슴 약한 사내이지만
그렇게 여유 없던 삶과 감성의 틈새에서
그렇게 아주 메말라 버린 줄 알았던 눈물샘에서
어렵게 몇 방울의 눈물을 쥐어 짜내며
우리 부부는 사이좋게 울고 말았습니다

강요받는 웃음보다
강요받는 슬픔이
더욱 아름다워 보였던 것이지요
혹시
눈물 고팠던 사람들 계시다면
당신은 내 운명이 되는 사람과
손수건 한번 적셔 보면 어떨까요

정겨운 희비 속에
새로운 시작을 만날 수 있을 것입니다

제3부

꽃이 지면

꽃이 지면

내 친구
입술은 빨갛다
꽃처럼 예쁘다

천번 만번
소리 없이 하나 둘
수시로 피고 지는 꽃

방긋방긋 마다
풋풋한 향기
샤륵샤륵 흩날린다

잊혀질 듯 기다림
상상이락에
하루가 포근해지고

몽환의 꽃
설레어 가슴 열리면
나는 춤을 춘다

만리포

나절 가웃이나 더
시뻘겋게
달구어진 해를
한입에 삼켜버린
새침떼기

하늘이
바래갈수록
온갖 상념은 자욱이
온몸을 적셔 오는데
멀어져간 수평선과
이른 조명의 중간에서
내일을 위해
아무것도 필요 없던
길어진 시간

씨암탉의
천리만리 고운 품을
휘감아 안겨 오는
소낙비 사연들이
덧없는 발자국이 되어
하얗게 이를 갈며

달려드는 파도에
한 움큼씩 사라져 간다

갑자기
혼자이고 싶을 때
찾아오는 만리포에는
포근하게 반겨주는
내음과 내음
소리와 소리

나는 또 하나의
바다가 된다

미루나무

갈 곳을 위해
머물 수 없는 개울가에
오직 하늘을 향한
가냘픈 해바라기

하늘이 뚫어지도록
송곳처럼 솟아올라
달마저 피해가는
무서운 쇳소리

어디를 꿰매려는가
까마득히 버티고 서서
바늘귀 같은 까치집에
구름을 걸쳐 들고 있다

고공중 참새 한 마리
좁은 품에서 숨 조이고
허기진 개미영감
더듬어 하늘을 향한다

하늘에 오르기 위한
외로운 바람
세상은 저만치 있고
어린 태양은 가슴에 있다

옥수수

땡볕에 벌겋게
그을려진 어머니
허리를 펴며 반겨주시던
텃밭 그 자리에
누군가 언뜻
지켜보고 있어
다가서 보면

줄깃줄깃 줄기를 씹어
단맛을 내던
기억이 새로운데
갈대도 아닌 것이
대나무도 아닌 것이
절개라도 있는 양
스산스럽게 버티고

겹겹 포대기에 업힌
고만고만한 녀석들이
하얗게 웃어주고 있다

코스모스

감나무 끝에 맴돌던
넉넉한 계절이
고추잠자리 날갯짓 사이로
살랑살랑 사라져가는데
무슨 사연 있길래
옹기옹기 모여 앉아
저토록 법석이고 있나

빨간 이야기
하얀 이야기
연분홍 사연

잔바람만 불어도
얼굴만큼
벌어진 입으로
경기장 같은
함성소리가 되어
소로길 가을은
놀라 숨어버렸다

해바라기

선들바람이
실뱀이 논자락
휘감아 올 때
계절의 틈새에서
메말라 비틀어진
조각달을 보며
밤이 새도록
그리움에 얼굴만
누렇게 변해버린
꿈바라기

울타리 옆에
소박스레 피어나
하고픈 말 간직한 채
온몸으로 기다리며
바라보다 바라만 보다
바라본 만큼 닮아져버린
님바라기

구름을 미워하고
어둠을 미워하며
커다란 얼굴로

무거운 입으로
대답 없는 홀로 사랑에
새카맣게
가슴만 태워버린
해바라기

버들강아지

실개천 휘감아 도는
찬바람이 저리도 매서운데
얼음골 골짜기마다
하얀 꽃이 피었다

강아지 강아지 버들강아지
강아지 강아지 복슬강아지

꼬마 동생 앞서간
강아지 발자국 따라
봄날은 훨씬 다가섰지만

아직도 매서운 바람은
반달뱀이 가로질러
골짜기마다 가득한데
털외투 둘러쓰고
몰래몰래
하얀 꽃이 피었다

할미꽃

너무도 사랑했던
친구가 있어
한 움큼 진달래 사연으로
찾아갔더니
어느새 할미가 되어
눈물이 앞을 가리는데도
너는 다소곳이
반겨주고 있구나

너는 거기에 있어도
나는 여기에 있어도
우린 서로 알 수 있는데

머리끝 흰머리에
한숨만 나누다
목이 메어
돌아서고 말았다

멸치

흐린 듯 불그스레
갯내음 풍기는
조그만 바다엔
잔물결 넘실대고
해초 우거진 사이로
멸치 몇 마리 노닐고 있는데

작살 같은 젓가락으로
어부처럼 노련도 하게
눈에 보이자마자
잽싸게 잡아들고
히쭉 웃어주고 있다

전생에 우린
무슨 인연이 있어
죽어서까지
내게로
다시 와서 죽는 거냐

너의 안쓰러움에
입맛 쓰린 것은
어쩔 수 없나 보다

난(蘭)

계절마저
절제된 공간 속
뿌리가 더 채워진
투박한 테두리

가끔씩
보듬지 않으면
금방 토라지는 마누라처럼
새파랗게
날이 선 잎줄기는
가난한 가슴을
찌를 듯 향하고 있는데
거기에서도 꽃이 피는
거기에서도 향기로운
아름다운 모순에 취해

난
나만을 위해
난을 지키는
잔인한 모습으로
손을 내밀고 있다

고추잠자리

석양에 물든
잠자리 한 마리
삶의 아우성인
시장 끝
리어카 위에서
가슴 시리도록
처연한 여유로

열린 듯 닫힌 듯
포장마차 문틈 사이
담배 연기 감싸주는
내려진 어깨
반백의 촌로를
해삼 멍게 족발
가식 없는
소주 한 잔의 진솔함을
들여다본다

어디서
이런 세상을
찾아 왔을까

커다란 눈 속엔
겁에 찬 계절이
벌써 지나가고 있는데

정자나무

개나리 감자꽃 피고 지는
논두렁 밭두렁
마을 한가운데
몇 백 년 어른이 되어
온 동네 밝혀주는
정자나무 한 그루

외로운 날
괴로운 날
나무에 올라
휘파람 불면
사랑하던 사람도
좋아하던 사람도
귀 기울이며 찾아오던
우리만의 쉼터

지금도 정자나무는
우리 가슴에
뿌리를 내리고
저리도 푸르건만

기다릴 사람 없이
홀로 기대어
흰머리만
날리우고 있다

작약

화단 모퉁이
아지랑이 틈새로
싹수 노란 녀석들 사이에
시뻘건 녀석이
솟아올랐다

다른 녀석과 달리
흉측스레
벌겋기만 하더니

장미도 아닌 것이
모란도 아닌 것이
연약한 줄기에서
탐스런 꽃이 피었다

바람개비 돌아가듯
기다림을 향해
소담스런 꽃이 피었다

벚꽃

화창한 봄날에
때 아닌 눈보라가
하얗게 날린다

기다랗게 늘어진
나뭇가지 위에도
뜨락의 한 모퉁이에도
수많은 사연이 되어
가득히 쌓여만 간다

따스한 봄날에
흰 눈이 내려도
포근한 가슴에
흰 눈이 내려도
녹을 줄 모른 채

미꾸라지

하늘이 무너지듯
함석지붕 날아가듯
장대비 지난 뒤
어디서 나타났는가
소룡(小龍) 한 마리

하늘에 오르다
여기로 왔나
정성이 부족해
길을 잃었나

낙숫물도 멈춰버린
안마당 한가운데
근심스레
나를
바라보고만 있다

도토리

어찌하여 저보고
그렇게 말씀하시나요

세상이 싫어
산에 사는 저를 보고
자꾸만 그렇게 부르시나요
간지럽고 재채기 나오도록
자꾸만 그렇게 부르시나요

산에 묻혀 살다 보니
작다는 말은 이해하지만
그 말은 알 수 없네요
다시 큰 소리로 불러주세요

저에게 들릴 수 있도록
남들이 들을 수 있도록

꽃에게

한 송이
꽃으로 되어
아름다우면 됐지
이름이 무슨 상관이더냐
살아 있음은
이렇게 위대한 것을

한 송이
꽃이 되기 위해
네 앞에 서기 위해
꿈이 여문들 별거이더냐
살아 있음은
언제나 영광인 것을

낯선 세월
모진 세상
여기 마주 있으니
말이 필요 없는 거잖아
너는 꽃이고
나는 방랑자이니

겨울

하얗게
변해버린 하늘
하얗게
변해버린 산야
하얗게
비워놓은 육신
하얗게
비워놓은 침묵
하얗게
갈구하는 자유
하얗게
시작되는 희망

새장

누가 저리도 가녀린 새에게
가슴을 내뱉는
노래를 하게 하는가

누가 저리도 귀여운 새를
울안에 가두어
나를 바라보게 하는가

언제부터
그렇게 시작되었기에
그대의 노랫소리
그대의 한숨 소리
친구를 부르는가
나를 부르는가

계절이 오고 가고
다른 세상이 있건 없건
노래를 부를 수 있고
노래 소리로 들리는 것은
인고(忍苦)의 아픔이 갈무리된
한(恨)의 소리이기 때문인가

온 동리 쉴 곳 없어도
순결한 너의 목소리는
포근한 예감을 안겨주는데

이제야 너에게
날개를 준다 해도
하늘 끝까지 갈 수 없으니
네가 괴로워해야 함에도
차라리 내가
철창 안에 갇혀 버린 것은
감히 접할 수 없는
너의 무념(無念)을 알지 못함인가

어디인들 어떠하리오
가진 것 없어도
바랄 것 없는
여기가 낙토(樂土)인 것을

거미

으스름하게
고요와 어둠이 머무는
좀 더 높은 곳엔

또 다른 무관심이
처음부터
거기에 있었던 것처럼
내가 미물이 된 듯
섬뜩 겁이 나는데

시선마저 숨겨둔
미로 속에 남은 것은
실타래처럼
기나긴 기다림
삶은 오직
거기에 있었다

죽임을 기다리는
진한 유혹으로

제4부

눈길

소나기

갑작스레
안색이 변한 채
날카로운 눈빛으로
가슴을 찌를 듯 번쩍이며
격노한 호통 속에
줄기줄기 내려치는
하늘의 가르침에
그늘진 곳으로
숨어든 나는
무조건
용서를
빌어야만 했다

꽃지에서

유리 알갱이 백사장
여기 꽃지에 오시면
안면육미(安眠六味) 곁들여진
아른아른 갯내음
아슬아슬 사라질 듯 섬자락
국사봉 솔향에 취한 발자국
하나 둘 셋
여기 꽃지에 오시면
여기에서 다른 것을
얘기할 수는 없을 것입니다

손주 녀석처럼
그토록 보채는 바다를
할매 할배 앙가슴으로 감싸 안고
달래고 어우르며 지켜온
여기 꽃지엔
새로운 전설을 향해
바다는 바다가 되고
육지는 육지가 되어
아가다리 해당화 피고
꽃바람 절로절로 불어오는 곳

무학 대사마저 놀라버린
젓개 포구에 갈매기 날고
만선(滿船)에 깨어진 햇살 부스러기들
모랫결 따라
스물 스물 기어오르면
누가 여기서 석양을 말하고
꽂지를 말할 수 있을까요
해가 뜨는 줄만 알고
해가 지는 의미를 모르는 몽매함으로
어찌 여기서 꽂지를 말하고
석양을 말할 수 있을까요

소리 없이 어둠이 옷깃을 적시고
안개꽃 같은 잔별들이
안면팔경(安眠八景) 가득 피어나면
아침을 수태한 산모가
태교를 하는 곳
여기 꽂지에 오시면
순리를 거역하고 되돌아오는 듯

오늘도 어김없이
해가 지는 것을
보실 수 있을 것입니다

눈길

눈치 없이
눈이 오던 날
눈에
눈이 맞았는데
눈가림 속
눈웃음으로
눈을 돌려야 했다

눈에
눈이 맞아
눈물이 되니
눈물인가
눈물인가

눈물 속에
눈을 보며
눈물 한 방울 한 발짝
눈물 한 방울 한 발짝

눈에 선하게
눈에 어리는
눈바람
눈길을
눈물로 걸어간다

갈대

꽃잎이 내려도
흔들리지 않으려 했다
울지도 않으려 했다
그러나 바람은
나를 그냥 두지 않았다

제 갈 길로 저리들 바쁜
스산스런 벌판에
가슴이 사그라지도록
지쳐버린 육신만
인연의 끝에 매달린 채

바람이 불어도
흔들리지 않으려 했다
소리 내지 않으려 했다
그러나 모두들
나를 그냥 두지 않았다

바보

바위 앞에서
바위가 되고자 했다

모래가 되고
흙이 될 때까지
그 앞에 서 있으려 했다

세상이 변하도록
비바람 몰아쳐도
하염없이
지켜보고만 있었다

대보름

꽁지가 잘려버린
가오리연 어깨너머로
움츠려진 석양이 지고
봉수산 꼭대기엔
어제저녁
아홉 끼 채워 먹고
누렇게 부어오른
둥근달이 떠오르는데

윷판 사이 말판 사이로
풍물소리 어우러질 때
큰불일수록 싸움에 이길수록
대풍이 찾아온다고
앞 동리 사람
갑자기 원수가 되어
어둠의 틈새를
대나무 장대로 헤치며
논두렁 밭두렁 가로지르니
대보름날 보름달은
동리마다
수없이 떠오르고 있었다

그러나 이제
가마솥에 숨겨진
한 사발 양심이 사라지고
쥐불 깡통 돌지 않으니
보름달은 찾아와도
대보름은 돌아올 줄 모른다

참깨

한물간 쓰름매미
바둥이는 소리 따라
현기증이 나도록
밀잠자리 아우성인데
삶에 순종하며 살아오신
구릿빛 할머니
주름진 손마디 끝에서
열려라 참깨
열려라 참깨
계절이 여물어 가는 소리

씨를 뿌린 만큼
땀을 흘린 만큼
거짓 없이 돌려주는
축복받은 이 땅에
달래고 어우를수록
깨가 쏟아지고
깨가 쏟아지는
한 아름 한 묶음

새카만 입술에
고소한 숨결로
행복을 토하는
한나절 한마당

추억을 위해

물장구 치고
버들피리 불던
개울가 잔디에 누워
하늘을 보면
물소리 새소리 사연들
뭉실뭉실 구름 위로
여울져 흐르고

누나가 두드리던
빨래 방망이 소리 따라
날 찾던 추억들이
징검다리 건너 다가서면
세월에 묻혀
변해버린 나만이
그 시절로 돌아가지 못한 채
화선지에서 오선지에서
이리저리 헤매이다

나를 찾지 못한 추억을 위해
두 눈 감으면
겹겹이 살아나는
한 점 한 점 모진 세월이

목말라 하는데
무엇이 날 부르는 것 같아
벌떡 일어서 보니

어느새
버드나무 가지 사이엔
잔별들이
피어나고 있었다

월야(月夜)

밤의 목살을
물고 늘어지듯
멀리서 개 짖는 소리
섬뜩스레 밤을 가르고
가끔씩 잔바람에
드드득 사사삭
대나무 잠꼬대 소리

마당 한가운데
맷돌로 눌려진
바지갯살 병아리 한 마리
어미 품에서 대낮인 양
둘레둘레
목을 내밀어 보지만

하늘이 조각나고
어슴푸레 달그림자
담장을 넘어들어
어미 닭 가슴 조이니
세상은
그렇게 넓지 않았다
그렇게 밝지도 않았다

눈이 왔어요

눈이 왔어요
밤사이에
하얀 눈이 왔어요

가을 내내 떨어진
낙엽 위에도
누군가 버린
쓰레기 위에도
하얀 눈이 왔어요
온 세상이
하얗게 변해 버렸어요

하얀 아침
새로운 세상을 보니
아무런 욕심 없는
깨끗한 마음
하얀 사람이 되었어요

어떤 자유

모랫결처럼
이리저리 휘날리다
소리 없이 다가서는
별 부스러기 하얀 눈

세상을 감춰버렸다
세상을 바꿔버렸다
욕망의 찌꺼기
탐욕의 배설물
모두 어디로 숨었나

달 끝에 매달린
한 방울
계명성이 다하도록
나는 달리고 싶다
백지 위에 휘저어
낙서하고 싶다
홀로 유색이 된
내 자신이 초라해진다
거추장스러워진다
걸쳐진 누더기
벗어나고 싶다

세상이 어떻게 되든
내가 또 어떻게 되든
하늘이 벌인 일
하늘이 벌일 일
하늘이 알아서 하겠지

둥그스레
창문 열고 뛰쳐나온
월흔 속 새무리 어디로 가나
웅크러진 가슴으로
면화처럼
포근한 눈 속에 안기어

꿈을 찾고 있다
잠을 찾고 있다

연포에서

보람을 위해
벌겋게 충혈된
외눈이 감겨지고
셀 수 없는 이리 떼들이
처절한 함성으로
이를 갈며 달려든다

피할 길 없이
허벅지 살을 물고 늘어진다
한 점 한 점
하얗게 사라져간다
흔적 없이
모랫결에 흩트려진다

내가
사라지는 쾌감에
내가 떨고 있다

석문봉에서

그림자 사라진
석문봉에 앉아
무지개 피고 지던
가야봉을 바라보면
내포와 서해가 어우러져
금북줄기 하늘을 향하고
불변의 인연을 위해
살금살금 새바람 반겨드니
앓던 이 빠지듯
갈 길이 보이고 있었다
세상이 열리고 있었다

아라메길

사랑채 툇마루에서
스산 얘기 들어 보며
유기방 가옥을 지나
전라산의 전설을 듣고
쉰질바위에서
하늘 한번 쳐다보고
강뎅이 석불의 숨결 속에
쥐바위와 인바위를 지나
볼 때마다 다른 모습의
천년 미소를 따라 웃다 보면
경이로운 행복에
헤어날 수 없으며
방선암에서 낭만을 논하고
자아와 무아를 만나며
보원사지를 건너
금북정맥 산줄기를 따르다
괜스레 기분 좋아지는
개심사에서 마음을 열면
해미읍성에서는
말달리던 이순신과
천주교 성지가
기다리고 있지요

산자락 골골마다
전설과 절경이 어우러진
아라메길에 서면
초롱한 꿈
연꽃 따라 피어나며
새로운 시작을
만날 수 있을 것입니다

바닷가에서

바람이 불고
바람이 불어
등 까진 조가비
구슬피 흐느껴 울고
부표 위 갈매기
어린애 소리로 보챌 때

바닷물에 깊숙이
발목 잡혀 버린
어지러운 마음은
하얗게 부서지며
몸부림을 쳐봐도
닻줄에 목매인
조각배처럼
삐거덕삐거덕
갈 길을 잃었다

내 삶의 아픔을
어디에 비교하고
어디에서 찾을 수 있다면
내가 여기에 왔음을
내가 여기에 있음을

누군가에게
감사해야 하는데

바다도 멀어지고
하늘마저 사라진
철 지난 빈터에
내 모습은
보이지 않았다

치성탑

모든 것을
벗어버리고픈
또 다른 내 모습이
요 모양 요대로
비추어질 것처럼
티 없이 맑은 하늘
한낮의 고요함이
오히려 겁이 나는
산사의 갈래길 옆에
혹은 무너지고
발길에 채이도록
허름한 돌탑 무더기들

계절이 영글어 가는
잔잔한 바람에
돌 하나 하나마다
숨겨진 사연들이
넘어질 듯 말 듯
행여 지켜보는 이를
안타깝게 하고 있다

누구일지라도
그 앞에 서 있음 하나로
소박한 소망은
이루어진 것이나
다름없는 것을
연약한 나신들의
바람과 버림 사이에
이름 없는 탑이 되어

언제부터인가
나의 두 손마저
모으게 하고 있다

여름이면

홰치는 닭소리에
설익은 해가 튀어 오르고
선잠 깬 할아버지
사립문 열고 마른기침할 때
온갖 파리가 남몰래 쉬하고 간
새까만 천장 위에
주근깨 너의 얼굴이 떠오른다
못자리꽃이 처녀가슴 헤집어 놓고
진달래 온산 불태울 때
산모퉁이 개울에서
가재 잡다 손가락 물린
그 친구는 어디에 살고
긴 머리 나물바구니에
자운영꽃 만발할 때
올챙이 잡다 거머리 물려
동네방네 난리 피던
그 꼬마 녀석은 어디로 갔을까

아카시아 향기가
온 동네 잔치할 때
찔레꽃순 꺾어 들고
호뜨기 불며 불며 악을 쓰던

그 친구는 어디에 살고
툇마루 하얗게 송홧가루 날리울 때
감꽃 실에 꿰어 목에 걸기도 하며
보리집으로 앵두 얹혀 불던
가슴패기 살 없는 누나는
어디에 살고 있을까

벌들이 꽃에 취한 한낮
뜰 앞 석류가 하품을 할 때
봉숭아꽃 물들이며 얼굴 붉히던
소꿉친구 꼬마 색시가
자꾸만 보고 싶어진다

다랭이논 끝머리에
종달이 머리 깃을 세우고
가슴 늘어진 할매가 드렁콩 심을 때
여름은 벌써 호박꽃에서 시작되고
그렇게 계절은 익어가나 보다

어찌하오리까

손가락 헤이시던 어머니가
어느 날 장독대 뒤에
냉수 한 그릇 떠놓고 두 손 모으는 것을
어릴 적 신기하게 바라보곤 했었는데

몇 해 전 아버님의 장례식 날
막내 남동생이 다정하게 부르더니
아버님 탈상이 끝나면
저는 절은 하지 않을게요 하는 것이었다
그게 무슨 소리냐 하였더니
교회에 나가기 때문에 그러니 절을 하지 않더라도
형님이 이해해 달라는 내용이었다
문상을 갔을 때
옆에 선 사람이 개신교 신자인 줄 몰랐을 때
난감했던 것을 생각하며 남의 일인 줄 알았는데
그 이후로 두 형들은
제사나 성묘 때 조상님을 향하여 절을 하고
막내 동생은 뒤편에서 머뭇거리고 있는
있을지도 모를 신에게
있었던 분들이 외면당하는
한 가족 두 행보의 이상하고 기막힌 사연이
시작되고 말았다

어른들 말씀에 죽고 살고
남다른 형제애로 다져진 삼형제가
모두 장년에 들어서면서
큰 동생은 불교신자가 되었고
나는 불교 바탕에 천주교 세례를 받은 몸이고
막내 동생은 독실한 개신교 신자가 된 것이었다

어쩌면
냉수 한 그릇의 정성이나
그렇게 다를 바 없을
신비로 포장된 환상을 향해
넋을 잃어버린 우리 형제들

그리하여 별일이 없는 한
큰 동생은 부처님의 뜻에 따라 극락으로 갈 것이고
막내 동생은 예수님의 뜻에 따라 천당에 갈 것이고
천주교 신자로서 불교에 빠진 나는
괘씸죄로 지옥에 가게 될 것이니

영혼마저 갈라서는
이산가족이 되게 생겼다

요리 솜씨

며칠씩 아파트 리모델링한다고
침실과 부엌 거실 등을 모두 들어다 내놓고
여관방 찜질방 맴돌며 살다 보니
식탁엔 멸치볶음 한 가지 뿐일 수밖에 없어
멸치 꽁지 낚아채는 재미에 솔솔 빠져 있는데
싱크대 위에 먹음직스런 가지가 두 개나 있는 것이 보여
우선 먹고 보자는 생존 철칙과
먹을 때를 아는 것도
먹을 줄 아는 것도 대도(大道)라며
공짜를 버리면 3대가 굶는다는
어른들 말씀에 입맛 다시며
마나님에게 웬 가지야 하고 물으니 그걸 볶으라는 것이었다
지금 이 사람이 뭐라고 하는 거야
하늘이 주신 수컷만의 특권
남존여비의 철저한 사상 무장과
이 시대의 마지막 남은 남자의 자존심으로 똘똘 뭉친
굳세어라 서방님을 뭘로 보고
감히 요리를 시킨다냐 하면서도
요사이 과로하는 모습이 너무 안쓰러워
훈련소 시절 배식 당번의 능숙한 솜씨를 되살려
칼자루를 잡아본다
내 아무리 요리 솜씨 없다 해도 감기와 만나기 전엔

미역국 콩나물국에 고춧가루 타지 않는 걸
기본상식으로 아는 수준인데
난 여태껏 가지볶음 요리는 먹어본 사실 없다 하며
가지를 사등분 한 후 프라이팬에 기름을 붓고
이리저리 아무리 둥글려도 익을 기미가 없는 것이었다
그래서 어쩔 수 없이 마나님을 불렀더니
굵게 썰어서 그러니 삶아야 한다며 다른 것이나 하라 하여
진수만찬을 기대하며 자리를 피했었는데
저녁 밥상에 또다시
흉측스레 머리 잘린 멸치뿐이어서 가지나물을 찾으니
못 먹게 되어 버렸다는 거였다
신혼 초부터 라면도 음식이라고
그걸 들고 그렇게 낭만스레 헤매더니
아이고 아까워라 별미를 기다리던 낭군에게
아니 그래 여자 경력 다경력에 그걸 버리다니
가지를 버릴 때는 무슨 원수라도 되듯
지지고 볶고 삶아 버리는 거냐며
투덜투덜 죄스런(?) 맘을 가지는데
오히려 마나님은 즐거워하는 표정이다
아무래도 지상지고 불변일 줄 알았던
서방님의 칼잡이 솜씨에서
어떤 가능성을 읽었나 보다

그렇지 않아도 요사이 산비탈 헤매는 것부터 시작하여
한 마디 말솜씨에 절로 고개 숙여지는데
저 눈초리를 보니 나도 이젠
가정의 평화와 노후생활안전보장 대책을 위해
다른 사람들처럼
요리학원에라도 다녀야 하나 보다
나도 이젠 별수 없이

늑대와 천사의 절묘한 환상적 커플에서
구제 불능성 여성천국으로 변해 가는
세상의 흐름에
남자로서의 비애에 취해야 하나 보다

산사에서

고요한 산사에
삶의 소리가 들려온다
새소리 바람소리
랩송처럼 어우러진
신의 소리가 들려온다

절로 절로 숙여지는
옹기종기 본당에서
고른 음새 나무채로
세상의 연을 끊으려
반만년 두드려온 소리
반만년 이어진 소리

사바의 여독은
속세의 번뇌는
기다란 여운 따라 사라지고

두드릴수록 엄숙해지고
들어볼수록 경건해지며
젖어들수록 잊혀만 지는
무욕 속의 새로운 세계

차 한 잔의 시작

우리 직원들은
흐릿한 커피 향에 중독된 듯
밤샘 속빈직원(?)까지 그 유혹에 헤어나질 못하고
아침 출근하자마자 몇 명만 되면 어김없이 야 가자하면서
마치 기다렸다는 듯 민원실로 우르르 몰려간다
비록 길 다방이지만
비록 나는 입만 가지고 가는 처지이지만
세계 최고라는 담배 인심처럼
어느 누가 산들 어느 누가 곁에 있든
무슨 상관 있고 부담이 있겠나 하는 맘으로
동그란 탁자에 둥그레 둘러 모여 하루를 시작한다
어느 성질 급한 직원은
찻잔이 나오기도 전에 손부터 넣고 기다리고
누군가는 어제 사건에 대해 입에 거품을 물고 열변을 토한다
여기저기 된장찌개 끓듯 시끌벅적 중얼중얼
동전 몇 개 주고
얻을 수 있는 행복의 최대치
진솔한 커피 향에 취해
차 한 잔만큼 우리의 가슴도 따스해지고
사무실을 초월한 직원들의 오가는 정감 속에
오늘 하루도 명쾌하리라 믿는 지금 이 순간
차 한 잔의 여유만큼은 어느 때보다 즐거울 뿐이다

우리 마나님마저 제복 노이로제에 걸릴 정도로
모두 기피하는 유배 부서에서
"우연한 만남을 따뜻한 인연으로"
진정 묵묵히 승화시키는 직원들이 한없이 고맙고
나 또한 그러함을 잊지 않고
가벼운 마음으로

오늘 하루를 열어 본다

전승진 시의 새타이어(諷刺)와 리리시즘 융합의 특성

— 첫 시집 『꿈바라기』 평설

石蘭史 이 수 화

시인, 명예문학박사, (사)세계문인협회 고문
국제펜클럽 한국본부 · 한국문인협회 원임부이사장

전승진 시(전승진 詩人의 詩)는 즐겁다. 새타이어(Satire, 풍자(諷刺))와 리리시즘(서정적 태도)을 교묘히 접합시킨 시정신(詩精神)의 접점마다 각개 텍스트의 형상화를 완결시키고 있기 때문이다. 그의 새타이어와 리리시즘이 융합된 시적 특성이 우리에게 주는 이 존재 전이의 쇄락성(灑落性, Refreshing)과 해방감의 미학을 면밀히 검토해봄으로써 평설글의 소임을 다해보고자 한다. 먼저,

남자의 로망은
폭포처럼 소방호스처럼
힘차게 내뿜는
그 줄기에 있는데

층간소음과 청결을 바라는
마나님의 눈총에
쪼그리고 앉아
마나님을 닮아가고 있다

—「좌변기」 전문

예시는 가위 지금 이곳 시단의 추종을 불허할 만한 쇄금(碎金, Elegant lines)이다. 단연(單聯) 총 8행만으로 나이 든 이 시대 남성의 섹스 콤플렉스 그 보편성을 완벽하게 묘파해내고 있을 뿐만 아니라 심상찮은 여성 상위시대 도래의 조짐을 잘 형상화해놓고 있어서이다. 이 얼마나 정곡을 찔러 우리를 깜짝 놀라게 하는 새타이어와 리리시즘(시적 주체의 콤플렉스 표상) 융합미학인가. 온몸 전신(정신과 몸)의 저릿한 쇄락감(灑落感)에 휩싸이지 않는 독자가 있다면 그는 야동도 모르는 이 시대 '모범생 아동'이거나 '왜 IT시대란 성범위의 시대인가?'를 생각해 보지도 못하는 돌머리일 터이다. 여하튼 전승진의 예시 「좌변기」야말로 성폭력을 유발하는 이 시대 섹스 도발 영상 문화를 예방할 고급 문화의 선구적 시문학이라는 찬사 그 빛나는 쇄금(碎金)이라 상찬해 추호도 넘치지 않을 것이다. 그런데 이와 같은 전승진 시의 새타이어와 리리시즘의 교묘한 융합은 어디에서 비롯하고 있는 것인가? 두말할 것도 없이, 그것은 예시의 표시적 기능(表示的 技能, Extension)인 "마나님의 눈총"(말도 안 되는 자격지심)과 마나님을 닮아가는 콤플렉스(섹스 등 가장 · 남편으로서의 추락된 권위)라는 이 시의 내면적 긴장(內面的 緊張, Intension)이다. 이 내

면적 기능인 시적 주체의 리리시즘과 표시적 기능인 이시의 풍자(새타이어)는 전승진 시인과 같은 첨예한 시적 긴장감의 소유자가 아니면 이룰 수 없는 미학 원리(엘리엇의 사상과 감정의 융합된 감수성의 미학)인 것이다.

때 아닌 대낮에
까무러칠 듯 비명소리
술잔 부딪히는 소리
시끌벅적 화투장이 돌아가고
샤워소리 어우러지는
벽 하나 사이에
아는 체할 수 없는
별난 이웃들

죄인처럼
몰래 왔다 몰래 간다 해도
문밖에 나서면
아무 일도 없었던 것처럼
언제나 평범한 사람들

―「여관에서」 전문

앞에서 언급한 시 「좌변기」가 한 개인의 새타이어와 리리시즘 융합 상황을 형상화한 현대인의 보편적 자아 정체성 손상 모습이라면, 여기의 예시 「여관에서」는 현대 익명 사회인들이 벌이고 있는 일탈의 퇴폐상에 대한 형상화이다. 텍스트의 서술시(Narrative poem) 형식으로 보면 '별난 이웃들' 을 그 소리로만(청각 이미저리)

표상한 특징도 돋보이고, 제2스탠자의 표시적 이미저리보다 그 암시적 이미저리의 현대인들 익명성의 고발이 섬뜩한 것이다. 역시 전승진 시의 새타이어와 그것을 들여다보는 시적 주체의 리리시즘이 무리 없이 교접해 현대 우리 사회 도시적 익명성의 부도덕성을 여실히 폭로해 보이는 시적·미학적 비판일 터이다. 이 같은 전승진 시의 새타이어와 리리시즘 교합(융합) 특성의 시가 형성되는 데는 그의 모더니즘 시 창작의 바람직한 단계가 있었음을 간과할 수 없겠다(행두 넘버는 평설자의 것이다).

①
땡볕에 벌겋게
그을려진 어머니
허리를 펴며 반겨주시던
텃밭 그 자리에
누군가 언뜻
지켜보고 있어
다가서 보면

줄깃줄깃 줄기를 씹어
단맛을 내던
기억이 새로운데
갈대도 아닌 것이
대나무도 아닌 것이
절개라도 있는 양
스산스럽게 버티고

겹겹 포대기에 업힌
고만고만한 녀석들이
하얗게 웃어주고 있다

—「옥수수」 전문

②
실개천 휘감아 도는
찬바람이 저리도 매서운데
얼음골 골짜기마다
하얀 꽃이 피었다

강아지 강아지 버들강아지
강아지 강아지 복슬강아지

꼬마 동생 앞서간
강아지 발자국 따라
봄날은 훨씬 다가섰지만

아직도 매서운 바람은
반달뱀이 가로질러
골짜기마다 가득한데
털외투 둘러쓰고
몰래몰래
하얀 꽃이 피었다

—「버들강아지」 전문

위에 든 예시 ①은 「옥수수」 전문이고, ②는 「버들강아지」 전문이다. 전통적인 이미지즘시(사물시)들이다. 전승진 모더니즘 시편 중에서도 그 사물시로서의 명징한 이미저리들과 운율의 자유시다운 슈퍼비니언스(이미지를 실어 나름) 기법도 훌륭하다. 한마디로 말해 전승진 시의 모더니즘 기법은 예시들처럼 살아 생동하는 그림[심상(心象)]을 여실히 보여주는 성공 사례들일 것이다. 그럼에도 왜 시인은 이 기법에 안주하지 않고 새타이어와 리리시즘의 교묘한 융합기법에 진입하고 있는가. 그것은 다름 아닌 이미지즘시(사물시)의 무의미한 한계 때문이다. 주지하는 바와 같이 이미지즘시는 1930년대 한국 이미지즘시의 효장인 김광균처럼 그 명작 「설야(雪夜)」에서처럼 전통인식도, 역사의식도 찾아보기 힘든 무의미에 함몰해 있는 것이다.

먼 곳에 여인의 옷 벗는 소리

— 김광균, 「설야(雪夜)」 부분

얼마나 우리(독자) 눈앞(심중(心中))에 직핍하게 부딪혀 현현(顯現)해 오는 공감각(共感覺)의 이미저리인가. 그러나 엘리엇을 비롯한 모더니즘(주지주의(主知主義)) 시인들에 의해 여지없이 파기된 이미지즘시의 벙어리 같은 현실 무비판 · 비전통, 비역사 의식의 무력한 퍼즐놀이에 불과한 것이다. 이를, 눈 내리는 밤 먼 곳에 사각사각 내리는 눈 소리나 연상할 일이 아닌 현대 모더니즘 정신(기계문명 비판을 통해 역사의식의 준엄함, 전통정신의 삼엄성을 시의 정신 포에지로 삼음)으로 비판 · 고발하는 미학 형상화 시작업에 정지용, 이상 등의 걸출한 한국 모더니스트들도 한국 현대시(모더니즘시) 100년사를 수놓고 있는 것이다. 이 문학사 컨텍스트의 일익을 오늘 여기 감당해 마지않고 있는 전승진 시가 모색, 발현시켜 보이고 있는 바, 이쯤에서 그 실증적 텍스트군에 집중해 보고자 한다. 저 앞서 모두에 주목한 전승진 새타이어와 리리시즘 교접의 교묘한 대표적 융합시 「좌변기」의 미학을 다시 한 번 연상하면서 예시군에 상도해 본다(행두 넘버는 평설자의 몫임).

①
지엄하신
파출소장님
책상 한가운데
파리 한 마리 앉아
수다를 떨고
용감한 다른 하나
소장님 이마에서
명상을 괴롭힌다

웬만해서
말이 없으신 분
진노하게 하여
요것을 그냥
저놈을 먼저
망설이다
파리는 날아가고

천장에
올라앉은 두 녀석
손가락질하며
파출소에 파리 날린다
조롱하고 있다

—「만점치안(滿點治安)」 전문

②
갈참의 날카로운 눈초리
고참의 송곳 같은 입
신참의 칼같이 날이 선 손
언제나 냉담한 관계 속에
앞치마 두르면 식순이가 되고
구두통 있으면 구두닦이가 되고
깡통만 있으면 거지가 되고
밥찌꺼기가 남으면 돼지가 되고
밤이 되면 올빼미가 되고
삽을 들면 선머슴이 되고
기어 다닐 땐 야생동물 같지만
선배들이 지켜준 나라
내가 지켜주는 나라
후배들이 지켜줄 나라
모두를 위해
헛될 수 없는 신념이 있다

—「병역의무」 전문

③

누군가
노을 익어갈 때
할 말 있다고
문자라도
왔으면 좋겠다

아직은
보고 싶다고
술 한잔하자고
전화라도
왔으면 좋겠다

이렇게
온기 사라진
계절 끝자락에
거짓말도
기다려만 진다

—「황혼」 전문

예시 ①「만점치안(滿點治安)」, ②「병역의무」, ③「황혼」의 병치 배열은 ①의 새타이어, ②의 비장미, ③의 리리시즘이 각기 전승진 시가 통합해 보이려는 지향성의 포에지[시정신(詩精神)]을 공통적으로 내함하고 있기 때문이다. 다시 말하면 ①이 우리 공동체 사회의 안위를 책임진 조직에 가당찮은 새타이어일런지 모르지만 우리 현실 상황에서 적잖이 돌출되고 있는 공권력의 웃지 못할

실수를 꼬집어 풍자함으로써 그 어리석음의 재발 방지를 위한 비판 태도가 저항감 없이 미학으로 형상화되었다면, ②는 역시 병영 문화의 역기능적 현상에 대한 희극적 새타이어를 통한 실상의 형상화 미학을 거두고 있다 하겠다. ③의 고독한 자아상의 존재 전이(轉移)를 꾀한 페이소스 미학은 예시 ①과 ②와 더불어 전승진 시의 리리시즘시 단순 논리를 벗어나는 모더니즘시의 새로운 기법 창출이 아닌가 한다. 이는 세계적인 모더니즘[주지주의(主知主義)] 시인들이 사상(思想, 주체(主體))을 관념으로만 늘어놓았을 때 도망가버리는 독자들을 위해 꽃을 노래하되 그 향기마저 시에서 내뿜기는 듯이 시인의 감정과 주제가 혼연일체가 되도록 창작하는 방식이다. 예시 ①, ②, ③에서 전승진 시 기법이 풍자면 풍자, 리리시즘이면 리리시즘 어느 한 곳에만 치우쳐 시를 표현(Render)하는 것이 아니라 풍자와 감정, 웃음과 눈물이 하나로 융합해 제3의 미적 창조물로 형상화시키는 것을 거듭 강조해 말해두고자 하는 것이다. 이 전승진 처녀시집 메타 텍스트 『꿈바라기』야말로 이 한마디로써 그의 새타이어와 리리시즘의 교묘한 융합(통합) 형상화 미학은 최상의 극서정미에 도달해보이고 있다 하겠다.

이제 전승진 새타이어와 리리시즘 시정신이 얼마나 아름답고, 즐거운 쇄락감(灑落感)을 우리에게 안겨주는지 그의 회심의 쇄금(碎金)으로 꼽혀야 마땅할 2개 작품에 집중하는 바로써 척박하게나마 이 평설글의 피날레로 삼을까 한다.

하늘이 무너지듯
함석지붕 날아가듯

장대비 지난 뒤
어디서 나타났는가
소룡(小龍) 한 마리

하늘에 오르다
여기로 왔나
정성이 부족해
길을 잃었나

낙숫물도 멈춰버린
안마당 한가운데
근심스레
나를
바라보고만 있다

—「미꾸라지」 전문

이 얼마나 자기 존재에 대한 시적 주체의 눈물겨운 자아 긍정인가. 굳이 우리는 서정적(리리시즘) 자아(화자)가 미꾸라지의 유의(喩義)임을 자괴감 섞인 태도로 파악할 것은 없겠다. 다만 시인의 자화상이라, 아니 이 시대 모든 '우리' 의 자화상임을 독자 스스로 이 아름다운 예술 텍스트에 감정이입 되어 파악하는 것이 최상의 독법일 터이다. 그리하여 텍스트 제3스탠자에서 독자가 물끄러미 마주 보게 되는 그 눈물겨운 존재 고독의 자화상이 얼마나 위대해질 존재인가. 영원히, 아니 이제금 당장에 그 '존재 완성태(完成態)' 는 우리 안전에 현현(顯現)함을 목도하게 되는 것이다. 전승진 이번 처녀시집

발군의 쇄금(碎金)인 「명작(名作)」이다.

나는 아직
살아 있다

—「명작(名作)」 전문

그렇다. 시인은 "아직 살아 있다"는 것이다. 얼마나 도저하고 삼엄한 시정신의 표상인가. 당당히도 어떤 좌절에도, 미꾸라지[소룡(小龍)] 따위와는 대면키조차 버거운 존재상승의 표명인가. 전승진 시인, 바로 그가 '명작(名作)' 이란 선언이다. 이 첫 시집에 저 많은 명작을 쓰고도 아직도 꿈꾸다니…. 전승진 그는 꿈바라기로 우리에게 즐거운 시를 꿈꾸어주는 시인이다.

대간정맥(1+9)과 7대 기맥 종주기

1. 서론

삶의 대상이나 보람을 찾을 곳이 이것만은 아니겠지만 어차피 인간이 이 세상 전부를 이해하거나 바라보기엔 너무도 큰 세상이기에 하늘의 뜻과 경이로운 자연에 왜소해지는 내 자신을 추스르면서도 한 남자가 이 세상에 태어나 세상 한번 제대로 살았다고, 한 남자가 뜻을 세우고 그 목적을 위해 세상 한번 멋지게 살았다고 이렇게 가슴을 내밀며 자부하고 싶었는지도 모릅니다.

그러나 그것은 내 자신을 시험하기 위한 내 자신과의 약속을 지키기 위한 오로지 산만을 바라보며 살아왔던 가장 순수하고 충실했던 저의 삶이었고 진실이었습니다.

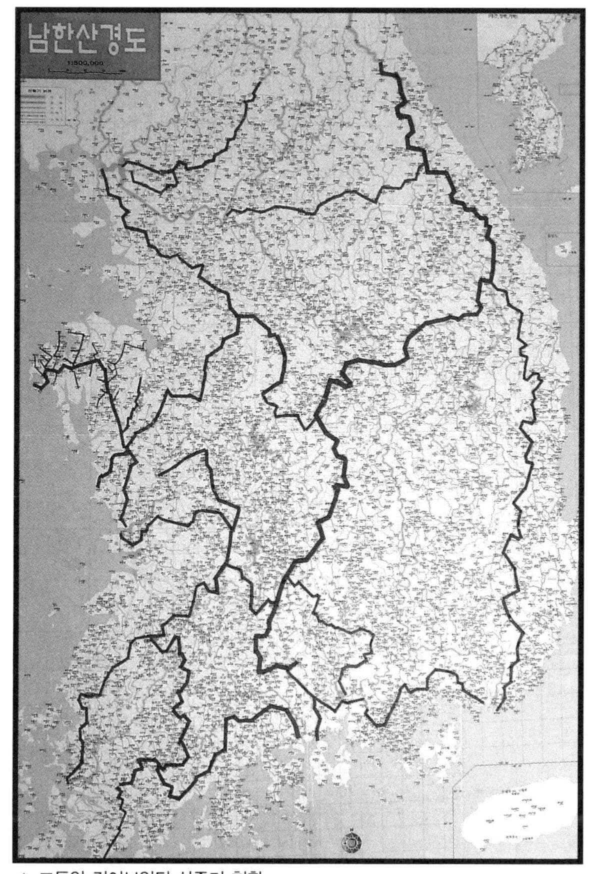

▲ 그동안 걸어보았던 산줄기 현황

2. 백두대간

한반도를 동 · 서로 크게 갈라놓은 산줄기로서 쉽게 이야기하자면 백두산에서 지리산까지 물을 건너지 않고 골간을 이루며 하나로 이어진 산줄기를 말하며 산행인

이라면 누구나 꿈꾸는 이상이 되고 있음(2001년 9월 9일 대간을 마무리하고 석문봉에 기념돌탑을 쌓음).

3. 정맥이란

대간과 정맥의 근간이 되는 산경표에는 1대간 1정간 13정맥이 있는데 13개 정맥 중 남한에 있는 9개 정맥은 아래와 같다.

● 낙남정맥

지리산 영신봉에서 김해의 신어산까지 낙동강의 남쪽 수계를 가르는 약 226km의 산줄기

● 한북정맥

휴전선 부근 수피령에서 한강의 장명산까지 임진강 남쪽 한강의 북쪽 수계를 가르는 산줄기

● 낙동정맥

백두대간의 천의봉에서 부산의 몰운대까지 낙동강의 동쪽 수계를 가르는 산줄기

● 한남금북정맥

한강 남쪽 금강 북쪽 산줄기로 속리산에서 칠장산까지 약 148km

● 한남정맥

한강 남쪽 산줄기로 칠장산에서 수원 광교산 김포 문수산까지 이어짐

● 금북정맥

금강 북쪽 산줄기로 칠장산에서 가야산 태안 안흥진까지 이어짐

● 금남호남정맥

금강 남쪽 섬진강 북쪽 산줄기로 영취산에서 마이산까지 약 64㎞ 거리임

● 금남정맥

전라북도 진안의 주화산에서 북서로 뻗어 대둔산 계룡산에 이르고, 계룡산에서 다시 서쪽으로 부여의 부소산 조룡대에 이르는 산줄기

● 호남정맥

섬진강의 외곽 산줄기로 마이산에서 광양 백운산까지 약400㎞ 거리임

* 대간과 정맥의 총괄

명칭	대간과 정맥(1+9)
종주 기간	2000.7.16.~2007.6.16. 약 6년 11개월
횟수(구간)	133구간
종주 거리	약 2,700㎞
비고	백두대간은 해미산악회 구가다 등 3명, 정맥은 대충산사회원 산호자 등

4. 기맥이란

백두대간이나 정맥에서 분기되는 100㎞ 이상 산줄기와 예외적으로 100㎞가 안되어 줄기는 짧고 세의 흐름은 약하지만 지역적 특색을 가지고 있는 중요한 산줄기를 말합니다.

● 한강기맥

한강기맥은 백두대간의 오대산 두로봉에서 북한강과 남한강이 만나는 양수리까지 약 160여 ㎞의 산줄기이다.

● 땅끝기맥

땅끝기맥은 호남정맥 깃대봉과 삼계봉 사이의 434봉(일명 노적봉 또는 바람봉)에서 분기를 하여 해남의 땅끝마을까지 이어지는 산줄기이다.

● 진양기맥

진양기맥은 백두대간 남덕유산에서 분기하여 남강 유역인 진양호에서 그 맥을 다하는 도상거리 약 157㎞ 산줄기이다.

● 금북기맥

금북기맥은 금북정맥 백월산에서 분기하여 성태산, 천덕산, 봉림산 등을 거쳐 장항을 향하여 남진하는 산줄기이다.

● 오두기맥

오두기맥은 한강봉과 챌봉의 중간지점에서 분기하여 오두산(119) 통일전망대까지 이어져 한강과 임진강이 만나는 곳에서 맥을 다하고 있다.

● 금남기맥

금남기맥은 진안과 전주사이의 모래재고개 위 조약봉(주줄산 또는 주화산)에서 서진하여 미륵산을 지나 장계산에서 서해바다로 잠기는 산줄기

● 영산기맥

영산기맥은 내장산의 새재 부근에서 시작하여 목포 유달산을 넘어 목포 앞 바닷가인 다순금 마을에서 서해바다로 맥을 다하는 산줄기

*7대 기맥 총괄

명칭	7대 기맥
종주 기간	2008.11.14.~2011.11.6. (약 만 3년)
횟수(구간)	40구간
종주 거리	약 806㎞
비고	대충산사(다음카페)의 허허자(천안), 산꾼(홍성)

5. 산행 총괄

명칭	백두대간과 9정맥(1+9) 그리고 7대 기맥
종주 기간	약 12년, 만 10년
횟수(구간)	173구간
종주 거리	약 3,506㎞
비고	

이로서 약 12년에 걸친 백두대간과 9정맥 그리고 7대 기맥 등을 마무리하였습니다. 지금은 산줄기를 향한 산꾼이 많이 늘어나고 산행로가 잘 정비되어 있지만 대간 정맥, 기맥 거의 모두가 개척 산행이었기에 표현 못할 고행길이었으며 지도 한쪽으로 치우친 서산이라는 지역적 특수성으로 접근성이 떨어져 교통비 등 경비 지출이 많았고, 저의 하는 일이 다른 직종에 비해 유달리 업무가 복잡 다양하고 돌발변수가 많기 때문에 반드시 연가를 내야 하고 또한 그런 시간이 아까워 연속종주하려니

그것이 부담이였습니다. 속세에서는 채울 수 없는 삶의 갈증으로 인해 모질게 내 자신을 학대하며 얻어지는 비정상적 쾌락의 끝에서도 내가 살아야 함이 절실하도록 인내와 고통 속에 바라보던 산과 산이 아닌 세상 그렇게 잊혀 버린 듯 그 시간은 내 삶을 되돌아보고 재조명하는 새로운 탄생을 위한 계기가 되었다 할 것입니다. 현실과 열망의 조화 속에서 삶은 그렇게 한번 살아볼 가치가 충분히 있다 할 것입니다.

이젠 신체 과사용 증후군에서 벗어나기 위해 세상사와 내 주변에 집착하면서 관내를 지나는 금북정맥만이라도 아름답게 관리하고 서산태안의 산줄기와 서산시계 종주 등을 서서히 재답사하면서 늑대와 천사의 절묘한 환상적 커플답게 산행을 위한 가식스런 이 맘을 아는 척 모르는 척 그토록 희생으로 이해해준 마나님에게 가족에게 그동안 못다 한 사랑 그리고 충성하고자 하며 즐겨하는 자작시 다시 한 번 올려 봅니다.

산에서

산이 있어
산에 올라
산을 보니
산 위에 산이고
산 넘어 산이다
산 밑에선
산을 보았는데

산 위에 올라
산에 갇혀 버렸다
산 위에 오르면
산에서 버릴 것이 있던가
산에서 바랄 것이 있던가
산에선 오직 무념의 세계
산에선 오직 무욕의 세계
산에 있는 산을 찾아
산이 있으면 산에 오르는
산이 이기에
산에 오르고 산에 오르다
산에서 산에서
산이 되고자 한다

문학세계대표작가선 730

꿈바라기

전승진 시집

인쇄 1판 1쇄 2014년 10월 1일
발행 1판 1쇄 2014년 10월 8일

지 은 이 : 전승진
펴 낸 이 : 金天雨
펴 낸 곳 : 도서출판 天雨
등　　록 : 1992. 2. 15. 제1-1307호
주　　소 : 서울시 성동구 무학봉28길 6 금용빌딩 2F(하왕십리동 966-23)
전　　화 : 02)2298-7661
팩　　스 : 02)2298-7665
http://www.moonhaknet.com
E-mail : chunwo@hanmail.net

값 8,000원

ISBN 978-89-7954-581-4